影像李鸿章

许昭堂·编著

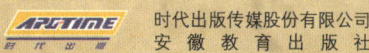
时代出版传媒股份有限公司
安徽教育出版社

图书在版编目（CIP）数据

影像李鸿章/许昭堂编著.—合肥:安徽教育出版社,2015
 ISBN 978-7-5336-8060-2

Ⅰ.①影… Ⅱ.①许… Ⅲ.①李鸿章(1823～1901)一生平事迹一图集 Ⅳ.①K827＝52

中国版本图书馆 CIP 数据核字（2015）第 195716 号

影像李鸿章
YINGXIANG LIHONGZHANG

出 版 人：郑　可
质量总监：张丹飞
选题策划：张丹飞
责任编辑：何宇清　鲁金良
装帧设计：何宇清
责任印制：王　琳

出版发行：时代出版传媒股份有限公司　安徽教育出版社
地　　址：合肥市经开区繁华大道西路 398 号　邮编：230601
网　　址：http://www.ahep.com.cn
营销电话：(0551)63683011,63683013
排　　版：安徽创艺彩色制版有限责任公司
印　　刷：安徽联众印刷有限公司

开　本：720×960　1/16
印　张：8
字　数：100 千字
版　次：2015 年 9 月第 1 版　2015 年 9 月第 1 次印刷
定　价：36.00 元

（如发现印装质量问题,影响阅读,请与本社营销部联系调换）

编者的话

李鸿章是晚清重臣，誉满天下，谤满天下，是中国近代史上颇具争议又极具影响力的人物。无论外界如何评价李鸿章，合肥人一直视他为老乡。"是非成败转头空""荣华富贵如粪土"，他在家乡修庙建祠，修志建校，办有益桑梓之事，他的这些善举和一些传闻逸事一直为合肥人津津乐道。编者作为老乡，为了解李鸿章，读了许多有关他的文章；为揣摩李鸿章，又收集了一些他的文字和影像史料。

去世百余年的李鸿章，竟然留存下来百余张照片！从他43岁视察金陵机器制造局留下的第一张照片，直到生前最后一张照片，侧面展示了他的人生后36年的经历。仔细观察其照片特征，我们可以发现：他一生喜欢坐着拍照，单人全身站立照片极少；40至50岁时高大威严，喜戴官帽、穿官服；60岁以后，开始发福，体形变化明显；70岁后，因右边多颗牙齿掉落，面颊呈左满右陷状；出国访问时，美国前总统格兰特的夫人将丈夫生前使用的手杖赠给李鸿章，此后他随身携带手杖的照片较多。

照片是一个人生活历程的凭证，记录着主人公最真实的自己、最在乎的人和事。李鸿章照片的点点滴滴，显现出历史事件的印迹，具有较高的史料价值，因此，编者将李鸿章的照片以及他的一些画像、塑像、漫画等筛选后编成此册，以供赏阅。由于年代较长，部分相片残损模糊，辨认困难，注文难免有误，敬请方家指正。

许昭堂

2014年5月13日于合肥

李鸿章生平简介

李鸿章（1823年2月15日—1901年11月7日），字渐甫，号少荃，谥文忠，安徽省合肥市磨店人。李氏先世本姓许，明季由江西湖口迁合肥，世代耕读。父李文安考取进士后，李氏"始以科甲奋起，遂为庐郡望族"。李鸿章20岁赴京，师事曾国藩，讲求经世之学，深受曾氏期许；1847年中进士，授翰林院编修；1853年回皖办团练；1859年入湘军幕府。曾国藩攻下安庆后，谋增兵力，命李鸿章在安徽募组淮军。1862年春李鸿章率淮军赴上海，旋署江苏巡抚，向西方列强学习军事，练军购械，与湘军东西夹击太平军，攻克苏州、常州。太平军失败，李鸿章因功封一等肃毅伯。

1865年曾国藩受命"剿捻"，李鸿章署理两江总督，负责后勤军饷供应。曾国藩作战无功，李鸿章继任"剿捻"钦差大臣，将捻军镇压下去。1867年，李鸿章任湖广总督。

1870年天津教案后，李鸿章出任直隶总督、北洋通商大臣，常驻天津。当时，列强打开中国门户，激烈争夺在中国的各项利益。天津为北京门户，清政府虽已设立总理各国事务衙门，然上层官僚畏避外国，视中外交涉为畏途，因而大部分对外交涉付之于北洋通商大臣。李鸿章任该职达25年之久，"中外系望，声出政府上，政府亦倚以为重"。他作为淮军和北洋海军的最高军事统帅、淮系洋务集团的首领，在晚清政治舞台上纵横达40年之久。这40年里国际形势十分险恶，列强侵略中国，步步进逼，中外交涉频繁，战火连绵，人民处于水深火热之中。中国一方面在外国列强的侵略下逐

渐沦为半殖民地，另一方面又萌生了具有近代性质的各种新因素。这是一个复杂多变、充满苦难与抗争的社会转型期。李鸿章的所作所为，涉及近代中国的各个领域，可以概括为：

（一）他是中国近代史上实力最强的洋务政治集团——淮系集团的首领。

（二）他是两支近代化军队——淮军、北洋海军的最高统帅。

（三）中国近代化起步阶段的四大军工企业——江南制造局、金陵机器局、天津机器局、福州船政局，他创办了前三个，并插手福州船政局的人事管理和人才培养；他麾下的淮系集团拥有将领、幕僚（包括洋员和汉员）、官僚三个子系统，人才数量和实力在晚清同时期各派系集团中首屈一指。

（四）他是历经道光、咸丰、同治、光绪四朝的元老重臣，从1862年出任江苏巡抚至1901年逝世，为晚清皇家效命40年；他还直接指挥了四场战争：两场内战——"平吴"和"剿捻"，两场抵御外来侵略的战争——中法战争和中日甲午战争。

他的所作所为，在中国近代的政治、经济、军事、外交、文化教育等领域都产生了不容忽视的重大影响。因此，梁启超先生在他著的《李鸿章传》中，评价李鸿章是近代"独一无二之代表人也"。李鸿章一生的活动几乎可以看作是晚清历史的一个缩影，不了解李鸿章，就难以深入了解19世纪下半叶的中国国情，也难以深入研究中国近代史的发展轨迹。

照片是李鸿章视察金陵机器制造局时拍摄的。他站在技术人员身后，观看其组装二四式马克沁重机枪。此照片于1865年前后拍摄，是李鸿章留存最早的一张照片。

1870年天津教案后,李鸿章出任直隶总督兼北洋通商大臣,常驻天津。照片拍摄于天津北洋大臣公署,时间应为1872年之前,虽然茶几、椅子与1874年照片相同,但照片背景差异很大。

照片拍摄于天津北洋大臣公署,时间约在1873年。地上虽铺地砖,但已破烂。这两张照片来自于同一张原始照片,上图是横向裁剪,右图是纵向裁剪。

照片于1874年拍摄,为原底晒印,保存较好,是李鸿章壮年时期坐姿影像中的佳作。

照片为李鸿章继室赵继莲与女儿李鞠耦的合影。李鸿章原配周氏,卒于1861年。两年后,李鸿章娶了赵继莲。赵氏出身于安徽省太湖县的名门望族,祖父赵文楷是嘉庆元年(1796)的状元,父赵畇是道光朝进士。

李鸿章侧室莫氏盛装照。李鸿章50岁时，纳莫氏为妾。莫氏原为赵氏夫人丫鬟，1854年出生，比李鸿章小31岁。因直隶总督衙署在保定，北洋大臣衙署在天津，李鸿章秋冬驻保，春夏驻津。赵氏体弱，莫氏跟随服侍，后被提为侧室。

1876年，李鸿章已54岁，仍英俊潇洒。他在直隶总督位置上已任六年，见识多，视野广，自强思想得到进一步升华，由强兵转向求富，继军工企业后又创办了一系列民用企业。

Li-Hung-Chang, Vizekönig von Petschili.

照片拍摄于光绪四年（1878）。56岁的李鸿章，致力于洋务，在扩充招商局后，又成立了开平矿务局、海关书信馆总办事处，筹办上海机器纺织局；另与日本交涉琉球争端事务。

照片应拍摄于光绪五年（1879）前后。这时的李鸿章对教育、海防、铁路建设和人才培养有了新的认识，开始建学堂，架设电报线路，筹划铁路和海防战略布局，等等。

1879年6月12日，美国前总统尤里西斯·格兰特及其随员和美国驻华副领事毕德格在天津与李鸿章会晤。在会晤中，李鸿章请求格兰特调解日本侵占琉球问题。照片为李鸿章会见美国前总统格兰特。

照片是李鸿章赠送格兰特的。两旁注有英汉文字,英文看不清楚,汉字为:"大清钦差大臣太子太傅文华殿大学士兵部尚书直隶总督一等肃毅伯李 奉送 大美前君主格。"(此照片色彩并不是后人修饰而成,有人考证,是当时天津梁时泰照相馆手工上色)

照片拍摄于李鸿章60岁后。60岁以后的李鸿章,工作重心转向海防;家庭观念更浓;身体开始发福,出现"熊腰",只好腰间系根腰带,使体形略显均称。

照片拍摄于1881年前后。1881年，李鸿章偕同周馥、马建忠等赴旅顺口察看地形，认为旅顺口是北洋要隘、京畿门户，对海防布局和工程筹备进行了论证。

李鸿章乘坐龙号机车视察唐胥铁路。晚清时期对修铁路争议很大，李鸿章利用创办开平煤矿之机，决定修建唐山至胥各庄铁路。唐胥铁路于1880年动工，1881建成，为近代中国铁路自建最早的一个区段。

照片应拍摄于19世纪80年代初期，与之前照片相比体形明显变胖。

李鸿章官服照。从1880年到1894年，用十多年时间，李鸿章在旅顺口港湾修军港，筑船坞，建海岸陆路炮台，开办水雷、鱼雷和管轮学堂等军事机构。

李鸿章母亲照片。1882年，李母住在大儿子湖广总督李瀚章处，不久，因病逝世。讣闻传来，李鸿章赶往皖江，护送灵柩回合肥。因当时朝鲜壬午兵变形势危急，日本虎视眈眈，法越边衅又起，他奉诏夺情起复，未能安葬老母，便匆匆返回天津，直到第二年正月才又回合肥安葬母亲。仅过了几天，因中法战争在越南打响，朝廷又催促他统筹边防战事。

照片多数注明为约翰·汤姆逊拍摄于1871年,有待考证。该照片中李鸿章胡须已白,身体发胖。李鸿章有这样体形变化特征,是在60岁以后。此张照片应是19世纪80年代中期拍摄的。

英国杂志刊登的李鸿章照片。光绪十一年(1885)清政府向德国购买的"定远"和"镇远"两艘铁甲船驶抵中国。同年,清政府设立海军事务衙门。

1886年5月,总理海军衙门大臣奕譞奉旨巡阅北洋海防。照片为总理大臣奕譞(中),直隶总督兼北洋大臣、海军会办大臣李鸿章(右),海军帮办大臣善庆(左),临行前留影于天津海光寺行辕。

此照片为李鸿章休闲照。他手持小扇,既有洋洋得意之神,又有沉思默想之态。得意是洋务、海防、海军建设有起色;深思是军费又受到掣肘,且"弹丸小国"日本敢欺凌我国,视我虚实,将成为未来大患。

李鸿章与孙子合影。李鸿章有三子三女:长子经方、二子经述、三子经迈;大女儿镜蓉(嫁郭恩垕)、二女儿琼芝(嫁任德和)、三女儿鞠耦(嫁张佩纶)。

李鸿章与孙子们的合影。李鸿章有九个孙子、两个孙女。
经方子女：国焘、国熙、国然、国秀、国华（女）、国芸（女）；
经述子女：国杰、国燕、国煦、国熊；经迈子女：国超。

　　李鸿章全家福照,由左向右,中排为小儿李经迈、二儿李经述、李鸿章;前排为经述四子李国熊、经述三子李国煦(从小患眼疾,戴墨镜,即张爱玲笔下姜二爷的原型)、经述二子李国燕、经述长子李国杰;后排为李国杰的夫人(张氏)、李经方的女儿、李鸿章女儿李鞠耦、 李经迈的夫人(卞氏)、李经述的夫人(朱氏)。(此照片拍摄于19世纪90年代中后期)

李鸿章与儿孙们合影。中间坐者为李鸿章,左二为李经迈,右二为李经述,其余小孩为李鸿章孙子。照片为原底晒印,多处有折痕污损。(拍摄时间与前页相片相同)

李经方(1855—1934),晚清大臣。同治元年(1862),李鸿章年近四十,膝下无子,将六弟李昭庆儿子经方过继为嗣。后来,李鸿章与继室赵继莲生李经述,仍以经方为长子。

李经方官服照（手工上色）。

▲ 李经迈（1876—1938），字季高，曾任出使奥地利大臣，官至按察使。他是李鸿章小儿子，为莫氏夫人所生。

▲ 李经述（1864—1902），字仲彭，号澹园，李鸿章二儿子，实为亲生的大儿子，为赵氏夫人所生。

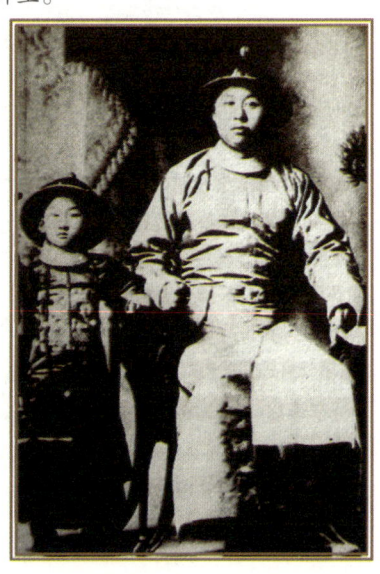

▲ 李经迈与儿子李国超合影。

　　李鞠耦（1866—1922），二十多岁时仍未出嫁，成为李鸿章夫妇心病。面对年近四旬已三婚的张佩纶的求婚，在无奈的情况下，加之李鸿章又爱张佩纶之才，最终同意了这门婚事。

　　张佩纶（1848—1903），同治十年（1871年）辛未科二甲进士，曾署左副都御史，后因马江海战渎职戍边，入李鸿章幕，成为李鸿章女婿。

李鞠耦与子女合影。

张爱玲,中国现代著名作家,是张佩纶、李鞠耦夫妇的孙女。

李鸿章一生爱好书法、科技。他不赌不嫖，个人嗜好不多，抽烟可算是他的一个嗜好。该照片中所画的圆圈，标示的正是他使用的旱烟袋。

李鸿章不仅抽旱烟，也好用水烟袋抽烟。
李鸿章抽烟照片仅存此一张。

李鸿章近七十岁时，因抽烟痰多，为注意外交礼节，他在腰间缝制较隐蔽的布袋，袋中装有袖珍唾壶，有痰时，取出唾壶吐痰。美国作家斯特林·西克雷夫揭露了他腰间布袋（所画圆圈内）的秘密。

1891年，李鸿章偕同山东巡抚张曜巡视胶澳（青岛），随后上奏《烟台、胶澳添筑炮台片》，得到朝廷批准。他派章高元进驻胶澳，修筑海防工事，也是青岛市建置之始。

　　从六十岁到七十岁这一阶段，是李鸿章人生中最有作为的时期：在军事上，指挥抗击法国侵略战争，实施了大沽、旅顺、刘公岛等海防建设，组建了北洋海军；在文化教育上，开办了多所学堂；在民族工业上，开办了矿业、纺织、交通、邮政电报等企业。

1892年,李鸿章刚过七十大寿不久,夫人赵小莲去世。传说赵小莲有"旺夫命",她去世后,李鸿章的"霉运"随之而来。1893年上海机器织布局失火焚毁。1894年中日战争爆发。

70岁以后,李鸿章右边多颗牙齿掉落,面颊呈左满右陷状。

这是李鸿章七十多岁时与淮军老将合影留存的照片。

李鸿章兄弟与同僚合影，左三为李鸿章。

此照片与李鸿章所有影像资料差异很大,但在威海刘公岛甲午战争博物馆和保定直隶总督衙门展览馆都有同样的照片展出。

河北保定直隶总督衙门展览馆议事大厅旁的休息室内悬挂着与上一张相同的照片。

威海刘公岛甲午战争博物馆陈列馆内展出的相同照片。

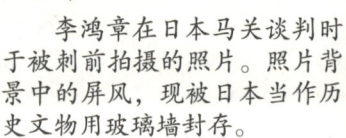

◀ 日本人用李鸿章照片制作的明信片。甲午战争失败后,李鸿章携子经方及随行人员于光绪二十一年二月二十一日到达日本马关,与日方展开谈判。

▶ 李鸿章在日本马关谈判时于被刺前拍摄的照片。照片背景中的屏风,现被日本当作历史文物用玻璃墙封存。

照片拍摄于1896年,照片中李鸿章左眼的眼袋比右侧凸显。

甲午战争失败后,李鸿章赴日本马关谈判时,遭日本人小山丰太郎开枪刺杀,左眼睑下方中弹,伤愈后留下的疤痕造成左眼下方眼袋隆起。

日本人用马关谈判双方全权代表人物照片制作的明信片。甲午战争惨败,李鸿章因签订了《马关条约》,成为千夫所指的罪人。他失去了直隶总督、北洋大臣等职务,只得闲居在贤良寺内。

照片是李鸿章出访欧美时拍摄的。在贤良寺闲居一年的李鸿章，应清廷命令参加俄皇尼古拉二世的加冕典礼，并访问欧美。这并不是清廷开恩，让他作环球之旅，而是带着"联络西洋，牵制东洋"的目的，以及提高关税，增加清廷财政收入的重要任务。

照片是李鸿章出访欧美时拍摄的。他带着儿子经方、经述和随行人员、五国公使一行45人，从上海出发，4月30日到达俄国，参加俄皇加冕典礼。

李鸿章出访欧美时，将自己当年的照片制作成名片，赠送给国际友人。这种名片既经济实惠，又有纪念价值。

照片拍摄于李鸿章乘车参加沙皇尼古拉二世加冕典礼的途中。他结束俄国访问后,又前往德国。

德国人用李鸿章照片制作的明信片。明信片上,将他出生年份1823年,错写成1821年。

　　1896年6月13日，李鸿章一行到达德国，14日在皇宫觐见了德皇威廉二世，15日参加了德皇举行的国宴。照片为李鸿章在德国皇宫与李经方（左二）、李经述（左一）、马丰禄（右三）、联芳（右一）及外国朋友合影留念。

李鸿章参观伏尔铿造船厂照片之一：他乘坐轮椅来到伏尔铿造船厂，受到该厂职工和周边百姓的热烈欢迎。

李鸿章参观伏尔铿造船厂照片之二：参观伏尔铿造船厂车间后，李鸿章又前往码头。

李鸿章参观伏尔铿造船厂照片之三：李鸿章参观伏尔铿造船厂所造的船只，并与身边人员交谈。

李鸿章参观伏尔铿造船厂照片之四：参观结束后，李鸿章乘坐轮椅离开伏尔铿造船厂。

李鸿章乘火车到达德国最重要的通商口岸汉堡，然后前往福里德里斯鲁拜访德国前首相俾斯麦。照片为1896年6月24日李鸿章在汉堡火车站下车，德国众多达官贵人在站台等候迎接的情形。

照片为李鸿章抵达汉堡火车站后，群众欢迎的场面。

李鸿章在访问德国期间会晤了俾斯麦。照片为他俩与随行人员在俾斯麦私邸二楼阳台上合影留念。

俾斯麦以最高礼仪迎接李鸿章。他穿着德皇威廉一世赠送的军礼服，制服上挂着黑鹰星章和铁十字勋章。照片为他们站在二楼阳台上，一边观看小镇风景，一边接受当地群众热情洋溢的欢呼。

照片是在俾斯麦私人庄园拍摄的,照片上有摄影师的签名。李鸿章与俾斯麦在二楼阳台上,边交谈,边合影留念。

照片为李鸿章与俾斯麦两人聚精会神地交谈。中间站着的一个人应该是翻译人员。

李鸿章拜访俾斯麦时,受到当地人民热情洋溢的欢迎。

李鸿章拜访结束后,德国前首相俾斯麦送李鸿章出门。

照片为李鸿章赠克虏伯名片。1896年7月1日，李鸿章到德国埃森拜访当时最大的军火商克虏伯，并赠给他一张特制的名片。

李鸿章一行参观了军火制造商克虏伯家族山庄后，合影留念。

李鸿章与李经述（左一）、李经方（右二）、罗丰禄（右一）在克虏伯家族山庄合影留念。

李鸿章结束对德国、荷兰、比利时的访问后，于7月14日到达法国，正赶上法国的国庆日。他成为第一位登上法国阅兵式观礼台的中国贵宾。照片为李鸿章在法国他下榻的饭店拍摄的。

李鸿章在法国总统富尔的陪同下,在巴黎郊外观看新式的马克沁机枪射击表演。照片中坐在轮椅上的为李鸿章。

8月2日李鸿章结束法国访问，来到英国。4日，李鸿章与英国首相兼外交大臣沙士勃雷（Salisbury，当时中文也有译为沙利斯堡，今人译为索尔兹伯里）密谈了一上午。照片为李鸿章与沙士勃雷合影。

李鸿章拜访英国女王维多利亚并参观海军舰队。沙士勃雷代表女王,向李鸿章颁发"维多利亚头等大十字宝星"勋章。太子妃亲自为李鸿章摄影留念。

　　李鸿章在访英期间，正好赶上英国皇家海军大演习。他乘专轮来到朴茨茅斯，停泊在港口的"维多利亚"大战舰鸣炮19响，以欢迎尊贵的客人，而训练有素的英国海军给李鸿章留下了深刻印象。照片为李鸿章与海军战士合影留念。

李鸿章及随行人员与沙士勃雷合影。

李鸿章与沙士勃雷及双方随从在英国。此张照片和下一张照片曾有多种注释，即在俄国，在德国，在英国；或有将沙士勃雷与索尔兹伯里视作两人的情况。

英国首相沙士勃雷在官邸门前与李鸿章合影。

李鸿章与英国首相沙士勃雷（左）、英国外交副大臣冠松（右）合影。

李鸿章非常喜欢英国首相官邸门前的景色,连续拍摄三张照片。此张李鸿章单人全身站立照,是他留存的唯一一张此类照片。

照片拍摄于李鸿章游览泰晤士河之时。8月16日他离开伦敦,前往外省参观。

李鸿章离开伦敦后,首站来到哈瓦登城堡。照片为英国前首相格莱斯顿前来拜会李鸿章。

This Photograph was purchased from Charles L. Ritzmann, Importer and Exporter of Photographs of Celebrities, 1169 Broadway, near 28th St., New York City.

　　1896年8月28日,李鸿章抵达美国纽约,并在美国照相馆拍摄了这张经典的肖像照片。照片保存完好,十分珍贵。照片装裱背板上有英文说明。照片刊登在1901年12月出版的 *THE WORLD'S WORK* 上。

李鸿章到达纽约,下榻在华尔道夫饭店。照片为李鸿章乘坐马车来到美国华尔道夫饭店,正准备下车的一瞬间被摄影师拍摄到。

图为画家按照片绘制的李鸿章与美国总统克利夫兰（左二）在纽约会面的场景。

1896年8月30日，李鸿章专门到美国前总统格兰特陵墓前祭拜。

李鸿章访美期间拍摄的照片（手工上色）。

李鸿章访问美国费城。李鸿章坐在马车上,受到广大市民的夹道欢迎。

照片为李鸿章访问加拿大时拍摄的。访问期间,他考察了加拿大的多伦多和温哥华。

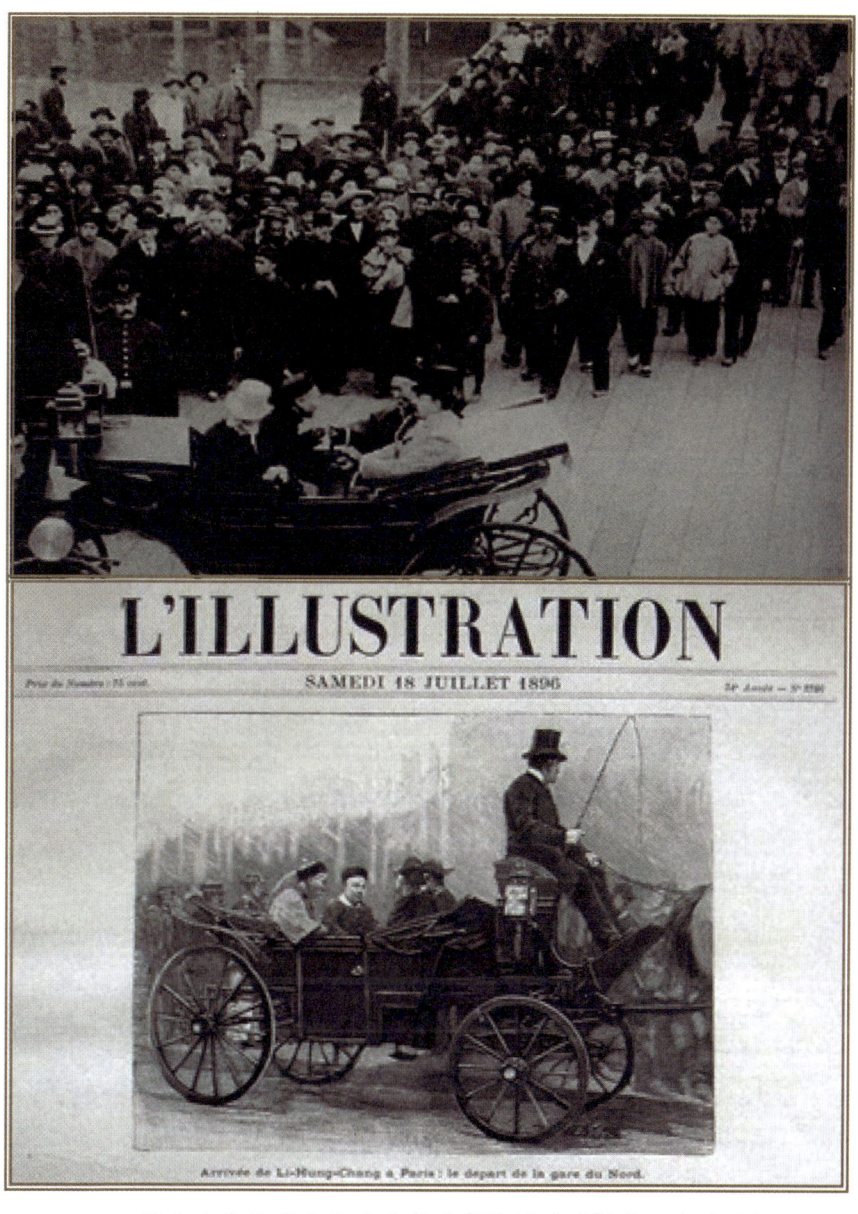

照片为多伦多市民欢迎李鸿章访问时的场景，当地画报刊登了此张照片。

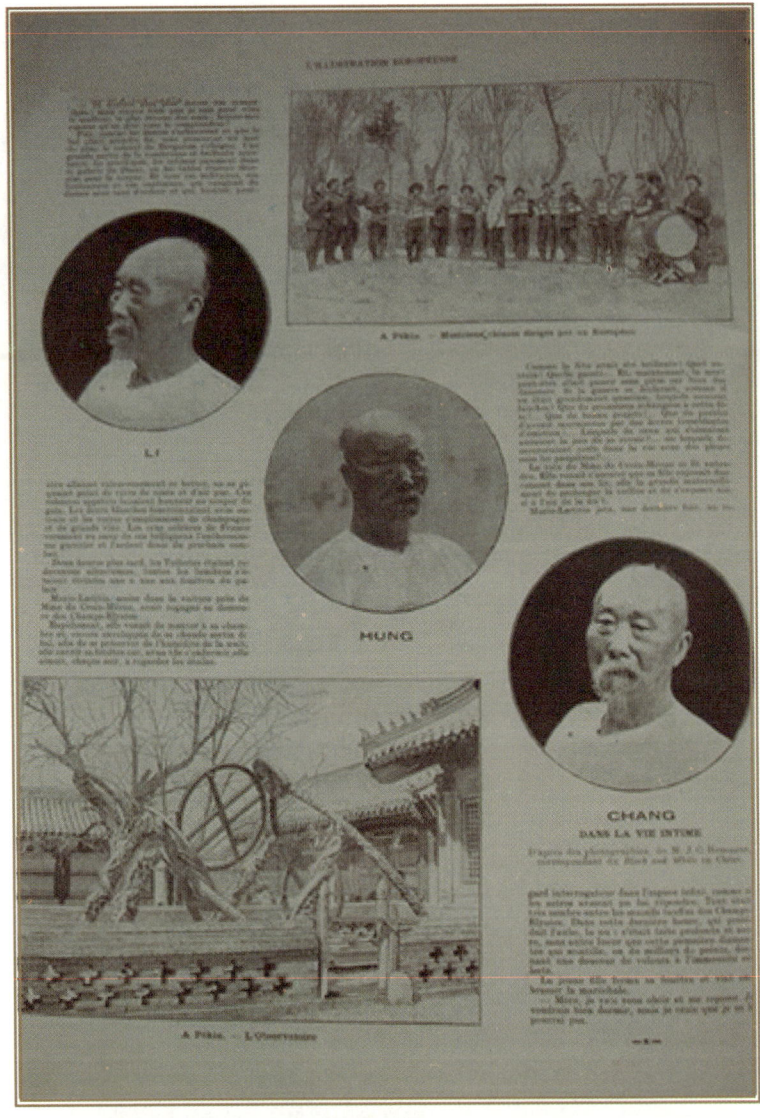

　　李鸿章访问欧美期间,当地报纸、杂志都进行了大量的报道,使其成为各国舆论的焦点人物。图为外国刊物登载的李鸿章头像照片。
　　74岁高龄的李鸿章,自1896年3月18日至10月3日,访问了俄国、德国、荷兰、比利时、法国、英国和美国、加拿大等8个国家。结束欧美之行后,李鸿章乘船途经日本回国。

李鸿章访美期间,格兰特夫人将丈夫生前使用的手杖赠给李鸿章。他回国后,经常随身携带。照片是他74岁时拍摄的。

照片为李鸿章1897年在贤良寺内手持手杖坐在藤椅上拍摄的。

德国报刊登载的闲居在贤良寺的李鸿章照片。照片中的李鸿章脸上出现了老年斑,但精神尚佳。他坐的这把藤椅,曾经随着他巡游世界。

照片拍摄于1897年前后。

李鸿章会见香港港督英国人卜力的照片。北上之前，李鸿章做了三件事：一是要求清廷对主战与主和有明确态度。二是要求与庆亲王奕劻和荣禄共同参与谈判，荣禄因与进攻公使馆有关未参与。李鸿章的目的很明确，就是爱新觉罗家族应该承担责任。三是会见香港港督卜力，打探一下英国人对处理这次事件的底线。

清廷多次催促李鸿章北上，他唯恐背上违命抗上的重罪，无奈只好离粤赴京。7月17日，李鸿章离开广州，坐马车到码头，登上招商局"平安"号轮船到上海。照片为李鸿章乘马车到码头时拍摄的。

照片为李鸿章与哥哥李瀚章合影。7月21日，李鸿章到达上海。面对复杂的局势，他以身体有病为由，暂住上海，听取相关意见，打通外交关节，为和谈做前期准备；并与家人团聚，交待家事。此幅照片，品相很好，画面清晰，极为珍贵。

照片为李瀚章、李鸿章与儿孙的合影,保存完好,是极少见之珍品。

李凤章与女儿合影。李凤章(1833—1890),号稚荃,早年随父读书于京邸,以军功升道员,赏戴花翎后,引退居芜湖;因博施广济,捐万金助赈,赏正一品封典。

李瀚章照片。李瀚章(1821—1899),字筱泉,一作小泉,晚年自号钝叟,官至两广总督。

李鸿章在上海期间,与小儿子李经迈合影。不久,李鸿章离沪,乘船赶往天津。

1900年9月29日，李鸿章到达天津，住进了北洋通商大臣衙门原寓所。

李鸿章在天津寓所与身边用人合影。因尊卑有序,用人与他以茶几相隔,摄影师将用人镜头取在边角位置。这在封建官僚时代,是极为难能可贵的一张照片。

图为李鸿章身穿裘皮大衣的照片。1900年10月11日,李鸿章在俄国军队保护下赴京。他因身体虚弱,又是从南方回到北方,穿得格外厚实。

照片拍摄于1900年。李鸿章此时已回到北京，居住在贤良寺内。

照片为李鸿章在贤良寺内，与家人、身边工作人员及俄国军官的合影。

照片拍摄于贤良寺。照片中李鸿章身体很虚弱,已是憔悴疲惫、步履蹒跚的姿态。贤良寺当时是得到八国联军承认的保护地,所以在他身旁站有俄国军人。

　　李鸿章身体一天不如一天，难以独立自由活动了。威风凛凛、彬彬有礼的李鸿章，此时也撕开一贯威严的面纱，在贤良寺与晚辈和身边工作人员一起玩乐，笑得很开心。尽管照片不清楚，但难得一笑的李鸿章，此时展露的是其他照片中所未曾见的笑容。

　　照片为李鸿章在贤良寺内，边晒太阳，边接待外国访客。

　　李鸿章进京后,到处吃闭门羹,列强代表拒绝见面,两宫不回京且不愿意进行和谈,和谈陷入困局。他尽管病重,仍乘步辇会见列强和谈代表,展开外交斡旋。照片拍摄于1900年。

李鸿章与八国联军头目英国海军将领西摩尔合影。

照片拍摄于贤良寺内。李鸿章在贤良寺与八国联军部分代表交谈,经过无休止的交流、争论,最终达成协议。

照片为《辛丑条约》签约现场。光绪二十七年七月二十五日（1901年9月7日），清廷的全权代表奕劻和李鸿章与英国、美国、日本、俄国、法国、意大利、比利时、西班牙、荷兰、德国、奥匈帝国等十一国代表签订了《辛丑条约》。

李鸿章在《辛丑条约》上签字时,将"李鸿章"三字以一个"肃"字形写在一起。可想而知,此次签字对他压力很大。他再也坚持不住了,导致病情进一步恶化,终于彻底"休息"了。

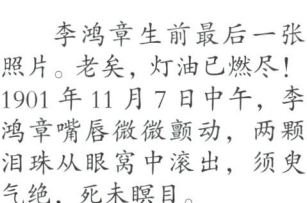

李鸿章生前最后一张照片。老矣,灯油已燃尽!1901年11月7日中午,李鸿章嘴唇微微颤动,两颗泪珠从眼窝中滚出,须臾气绝,死未瞑目。

仿照19世纪70年代李鸿章照片的绘画作品。

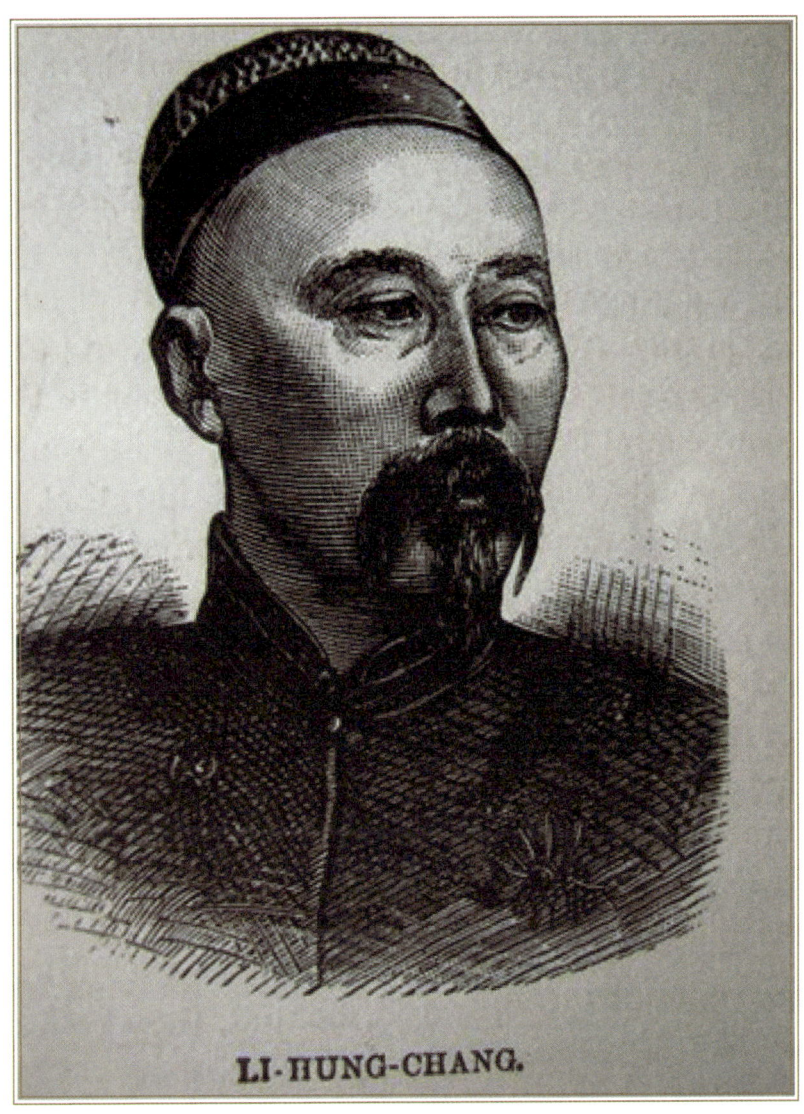

西方人绘制的李鸿章头像。

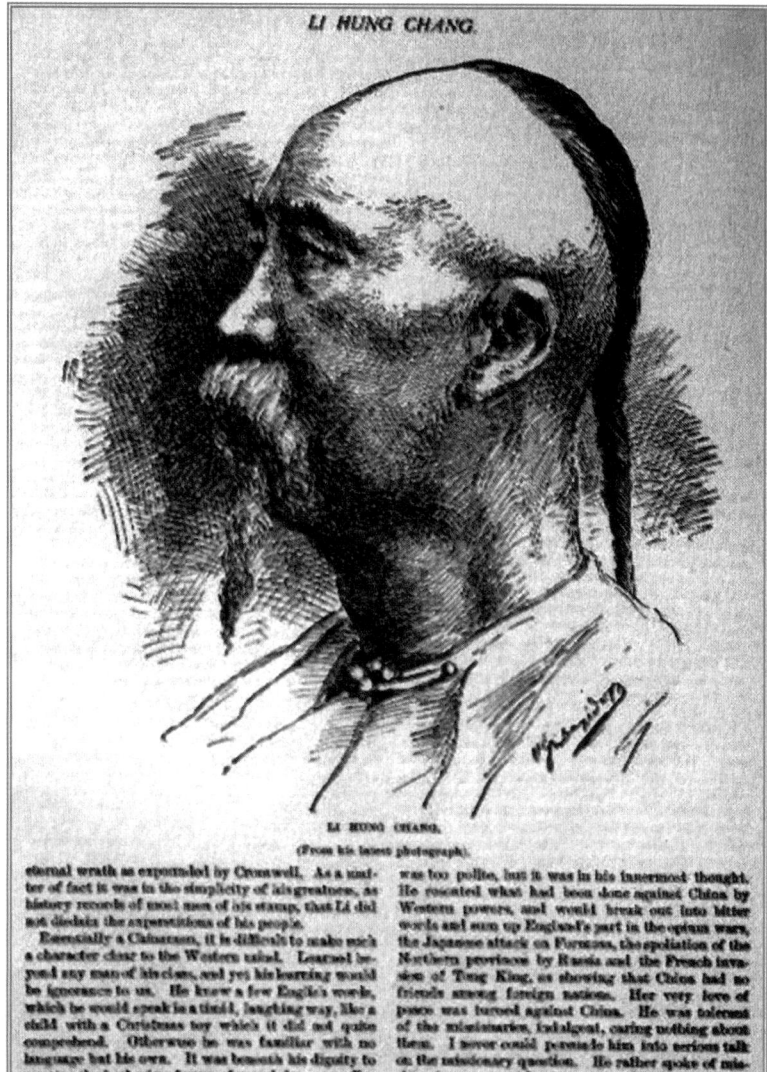

李鸿章侧面画像，曾是英国老报纸上的插图画。

李鸿章肖像。

西方画家根据李鸿章照片绘制的肖像。

《伦敦新闻》刊登的曾国藩、李鸿章画像。

这是刊登在外国刊物上的一幅画，是根据李鸿章六十多岁时与儿孙在一起的照片绘制的。

20世纪，美国一家杂志刊登的李鸿章像。

李鸿章与俾斯麦站在阳台上的木刻画。

李鸿章向法国总统富尔呈递国书（画）。

➡ 此图根据李鸿章早期的照片绘制，写实性极强，刊登于法国《画报》（1883年10月13日）上。

刊登在外国杂志上的插图画。

➡ 图为1896年8月《伦敦新闻》刊载的李鸿章到达英国伦敦,在南安普顿港下轮船的情形(画)。

《伦敦新闻》刊载的李鸿章觐见英国女王大幅画像。

1896年,李鸿章在访问英国期间,《伦敦新闻》刊载的英国前首相格莱斯顿前往哈瓦登城堡亲自拜会李鸿章的一幕(画)。

图为李鸿章出访法国时,当地报刊登载的李鸿章身穿黄马褂的大幅彩色画。

图为外国杂志刊登的 1900 年李鸿章离粤回京,在俄国军队护送下从天津前往北京路途中的画面。

美国的《哈泼斯》杂志刊登的美国某公司为推销麦乳精制作的宣传广告。

图为《纽约时报》所刊载的李鸿章访美的文章。

图为1896年8月李鸿章访问美国期间，美国画家为他制作的木刻画。

美籍荷兰画家胡博·华士一百多年前来到中国,曾为清朝权贵们绘制油画肖像。此幅李鸿章油画肖像就是胡博·华士的作品。

甲午战争失败后,李鸿章携子经方及随行人员于光绪二十一年二月二十一日到达日本马关,与日方谈判。图片为马关谈判现场。

图为甲午战争博物馆展览的马关谈判蜡像。

媾和使李鸿章谈判之图（马关谈判）。

此图为韩国天安市博物馆收藏的一幅有关《马关条约》签署情景的刻板印刷图。

各国钦差会同李鸿章一起审判日本刺客图。李鸿章在马关谈判期间,坐轿返回驿馆途中,突然被日本浪人小山丰太郎开枪射击,子弹击中左面颊,血染官服,当场晕厥。图中李鸿章坐在大堂正中,用手巾遮盖左面颊,手巾被血染红。跪在大堂中间正在受审的,就是刺杀李鸿章的凶手小山丰太郎。

此画为《曾国藩庆贺太平晏》，是清末一幅年画，在民间广为流传。大家在过年时，纷纷张贴这幅画，以增加喜庆气氛，也蕴含祈福与感恩之意。

日文版马关谈判彩色画。

此画是南京李鸿章祠堂大殿正中悬挂的李鸿章画像。

李鸿章像版画(清末民初出版物)。

➡ 李鸿章像铜版画。

巢湖忠庙昭忠祠大堂上悬挂的曾国藩和李鸿章画像。

李鸿章肖像被印刻在北洋天津银号上。

李鸿章访美时,美国人制作的李鸿章与格兰特的塑像艺术作品。

马少宣在鼻烟壶内画的李鸿章肖像。马少宣（1867—1939），本名马光甲，晚清著名"京派"内画高手之一。他创作的内画鼻烟壶，曾获得1918年巴拿马万国博览会的银质奖章。

马少仙鼻烟壶

上图为1896年德国造币厂铸的"李鸿章、俾斯麦双头像纪念银章",雕刻精美。下图为1896年李鸿章驾游汉伯克铜镀银纪念章。

西人之19世纪"当世三杰"的雕塑作品,从左至右依次为:德国首相俾斯麦、大清重臣李鸿章、英国首相格莱斯顿。

德国军火商克虏伯家族委托慕尼黑雕塑家奥托朗为李鸿章量身定制的一尊铜像。1906年,在李鸿章过世五年后,这尊铜像由克虏伯驻华代表曼德尔公司作为礼物在上海赠给李鸿章的后人。

1872年，李鸿章筹办轮船招商局，开辟了中国水上交通由木船运输进入轮船运输的新纪元，标志着外国资本主义轮运势力包揽中国航运垄断局面的结束。图片来自合肥李鸿章故居展览馆。

李鸿章人物像雕塑作品。

图片来源于威海刘公岛甲午战争博物馆。

图片为保定直隶总督衙门展览馆二堂东侧议事厅李鸿章会见日本公使森有礼场面的蜡像。

李鸿章手握一支笔,既书写了中国近代史上的自强运动,也书写了中国近代史上的耻辱与悲哀,给后人留下深刻的反思。图片来源于威海刘公岛甲午战争博物馆。

李鸿章出生地——合肥市磨店所立的李鸿章画像及生平简介石刻。

美国《名利场》杂志刊登的漫画李鸿章。

1896年,李鸿章出访美国时,《纽约世界》登载的李鸿章到访的情景画。

美国报纸刊登的题为"李鸿章从不错过星期天报纸"漫画,以李鸿章之名,进行广告宣传。

外国人绘制的身穿黄马褂、手拿旱烟袋的李鸿章画像。

在跨入 20 世纪的时候，德国一名画家绘制的《20世纪中国各族之典型人物》。画中李鸿章坐在一张椅子上，旁边是唐僧和他的爱徒，寓意李鸿章像唐僧一样到西方取经。画中人物用焦虑的眼神看着远方，双手缩在袖筒里，显然没有取到真经。

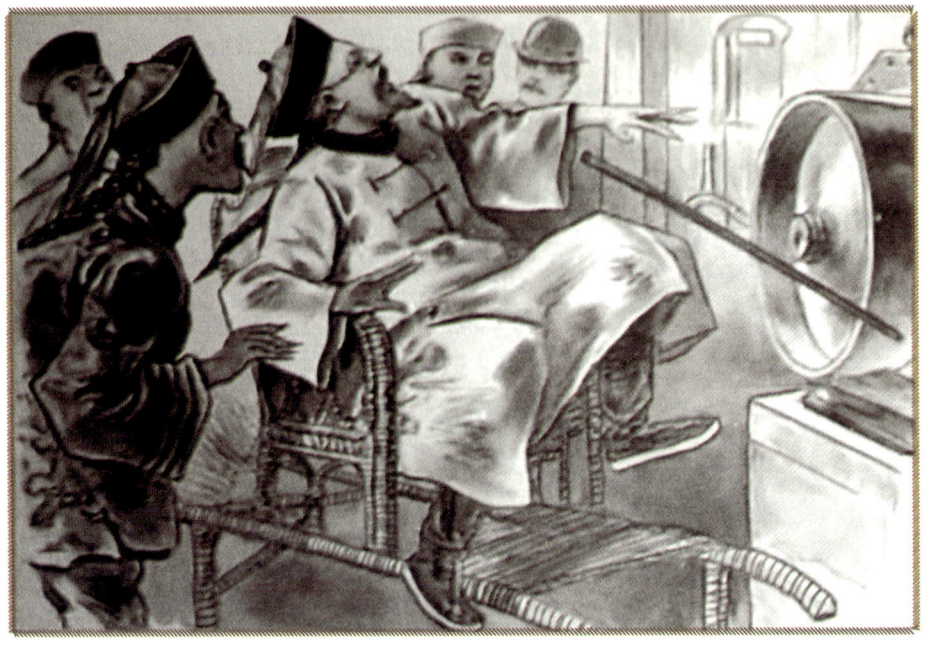

美国刊物登载的一幅李鸿章漫画,时间为1896年左右。画中的李鸿章穿着黄马褂,被新科技魅力所折服。当看到一台机器轰隆启动的时候,他欣喜若狂,激动得将最喜爱的手杖都抛出很远。

两组李鸿章大杂烩漫画。上图为李鸿章用自家烹调的一盘大杂烩,热情地招待洋人。下图为外国人吃了大杂烩,觉得真好吃,伸出大拇指称赞。

李鸿章与山姆大叔对话。

美国人绘制的李鸿章漫画（1901年作品）。

李鸿章头戴官帽，身穿黄马褂，几笔勾出的漫画，惟妙惟肖。画面中的李鸿章左眼睑下方有伤痕，两眼看着下沉的舰船，手摸着滴血疼痛的心，呻吟出《绝命诗》，以述平生，以示后人。面前摆着的一本无字书，让后人书写吧！